S.O.S. 4

S.O.S. LES ANIMAUX DES MONTAGNES

Lydia Bailey

Illustrations de

Olena Kassian

Texte français de

JOCELYNE HENRI

Scholastic Canada Ltd.

Scholastic Canada Ltd.
123 Newkirk Road, Richmond Hill, Ontario, Canada L4C 3G5

Scholastic Inc.
730 Broadway, New York, NY 10003, USA

Ashton Scholastic Pty Limited
PO Box 579, Gosford, NSW 2250, Australia

Ashton Scholastic Limited
Private Bag 1, Penrose, Auckland, New Zealand

Scholastic Publications Ltd.
Villiers House, Clarendon Avenue, Leamington Spa,
Warwickshire CV32 5PR, UK

Nous remercions Susan M. Woodward, Ross MacColloch, Mark Peck
et Dael E. Morris du Royal Ontario Museum, de leur aide pour la
préparation de ce livre.

Édition publiée par Scholastic Canada Ltd., 123,
Newkirk Road, Richmond Hill (Ontario) Canada L4C 3G5.

6 5 4 3 2 1   Imprimé au Canada   4 5 6 7/9

Données de catalogage avant publication (Canada)
Bailey, Lydia
    S.O.S. — les animaux des montagnes

(S.O.S. : 4)
Traduction de: Vanishing animals of the mountains.
ISBN 0-590-73068-1

1. Espèces en danger - Ouvrages pour la jeunesse.
2. Faune alpestre - Ouvrages pour la jeunesse.
I. Kassian, Olena. II. Titre. III. Collection:
Bailey, Lydia. S.O.S. : 4.

QL113.B314 1994   j591.52'9   C93-093612-4

Nos montagnes fourmillent d'animaux sauvages. Ils sautent par-dessus de dangereuses crevasses, et montent et descendent des flancs abrupts. Ils vivent dans les sommets ennuagés ou au plus profond des cavernes rocheuses. Certains sont si peureux et secrets qu'on ne les aperçoit presque jamais.

De nos jours, certains de ces animaux sont en danger. Ils ont perdu leur habitat. Les chasseurs les ont tués en trop grand nombre. Certains ont des portées peu nombreuses. Leur nombre diminue de plus en plus. Plusieurs de ces **espèces menacées** pourraient disparaître de la planète pour toujours.

Dans ce livre, tu apprendras à connaître quelques-uns des animaux qui ont besoin de notre aide. Certains sont petits et sautent et galopent. D'autres sont gros et marchent pesamment. Mais chacun est unique et mérite une chance de vivre parmi nous.

Quel oiseau à l'allure étrange! Le **kakapo** a la tête du hibou et le corps du perroquet. C'est pourquoi certains l'appellent perroquet-hibou.

Le kakapo est en réalité un perroquet. C'est le seul genre de perroquet au monde qui ne puisse pas voler. Le kakapo sautille et court et aime grimper au sommet des grands arbres. Quand il est prêt à redescendre, il ne vole pas. Il déploie ses ailes et se laisse tomber au sol!

Le **bouquetin markhor** a des serpents qui lui poussent sur le dessus de la tête! Enfin, pas vraiment. Mais ses longues cornes en spirales ressemblent beaucoup à des serpents. En fait, markhor signifie *corne de serpent*.

Ces chèvres sauvages sont des champions grimpeurs. Elles sautent d'un rocher à un autre au sommet des montagnes. Ont-elles le pied sûr? Les bouquetins markhor sont reconnus pour s'aventurer même jusqu'à l'extrémité d'une branche mince, afin d'y recueillir les feuilles dont ils raffolent. Et ils sont voraces également. Il peut arriver qu'un bouquetin affamé secoue un arbre afin de déloger un parent qui s'y trouve. Ce n'est pas très gentil, n'est-ce pas?

Tout comme les enfants humains, les **pandas géants** sont très enjoués. Jeunes, ils sont reconnus pour exécuter des culbutes et même descendre des pentes enneigées sur le ventre.

Mais il y a quelque chose que les pandas font encore mieux que jouer. Ils aiment manger... et manger... et manger! Que mangent-ils? Du bambou pour déjeuner, du bambou pour dîner, du bambou pour souper... et du bambou à chaque fois qu'ils ont faim!

Il est difficile de croire que cette petite boule dodue à la fourrure bleu-gris est un si bon grimpeur et un si bon sauteur. On peut voir le **chinchilla** creuser un terrier dans le sol. L'instant d'après, il grimpe une pente rocheuse, à la recherche d'un succulent repas de feuilles et de brindilles.

Les chinchillas sont habituellement des animaux amicaux. Mais si tu rencontres une mère et ses petits, attention! Si tu la déranges, elle se lèvera sur ses pattes arrière et te crachera au visage.

Peux-tu t'imaginer avoir des cheveux si longs qu'ils toucheraient presque le sol? Le **yack sauvage** a un si long manteau chaud parce qu'il habite dans une région très froide. Il vit au sommet des plus hautes montagnes du monde.

Grâce à leur manteau de fourrure, les yacks sauvages peuvent supporter des températures tellement froides que tes orteils en retrousseraient. Même les petits yacks peuvent se tenir au chaud en se blottissant sous le manteau douillet de leur mère.

Regarde dans le ciel! Est-ce un avion? Non, c'est un **condor de Californie** qui monte en flèche vers les nuages. Grâce à ses longues ailes noires et blanches, le condor peut planer sur de longues distances, sans jamais avoir à battre des ailes.

Le condor est magnifique en vol. Mais quand il est au sol, c'est un oiseau bossu à l'allure étrange. Avec son bec recourbé et sa tête chauve et ridée, le condor peut paraître carrément méchant. Mais ne te laisse pas berner. Le condor est en réalité assez timide et peureux.

Ce chat a un manteau doré et de féroces yeux jaunes comme ceux du lion d'Afrique, mais le **lion de montagne** est beaucoup plus petit. Il ne peut pas non plus rugir comme le font les autres lions. Le lion de montagne ronronne plutôt comme un chat. Il fait d'autres sons aussi. Un d'entre eux ressemble au cri d'une personne en danger.

Les petits du lion de montagne sont appelés chatons. Ils luttent et jouent ensemble à la manière des chats domestiques. Ils aiment aussi se cacher dans l'herbe et surprendre les souris et les insectes. Quand ils seront plus gros, ils apprendront à chasser les lapins et les cerfs comme leurs parents.

Peux-tu repérer la **panthère des neiges** qui se cache dans les rochers? Son épaisse fourrure gris-blanc la dissimule bien. Cela convient parfaitement à la panthère des neiges. Ce gros chat est très timide et aime vivre en solitaire.

La panthère des neiges vit au sommet des montagnes, là où il fait très froid et où le sol est couvert de neige. Mais le froid ne la dérange pas. La panthère des neiges a un magnifique manteau de fourrure pour la garder au chaud. Quand elle dort, elle enroule sa longue queue touffue autour de son corps, comme tu fais avec un foulard de laine autour du cou.

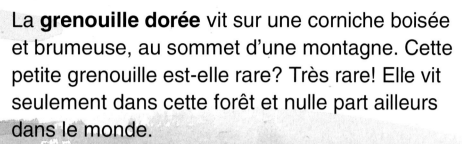

La **grenouille dorée** vit sur une corniche boisée et brumeuse, au sommet d'une montagne. Cette petite grenouille est-elle rare? Très rare! Elle vit seulement dans cette forêt et nulle part ailleurs dans le monde.

Quand les pluies printanières arrivent, les grenouilles dorées s'amusent dans les flaques d'eau. Les mâles sont d'une couleur orangée, comme une carotte. Ils ressemblent à de minuscules joyaux qui sautillent sur le sol de la forêt.

Tu n'aimerais certainement pas rencontrer un **grizzli**. Il peut courir beaucoup plus vite que toi. Il n'existe aucun autre animal des montagnes aussi gros et aussi fort que lui. Même le lion de montagne recule quand il voit un grizzli dévaler pesamment le sentier.

En hiver, les grizzlis dorment dans des cavernes qu'ils creusent dans le sol. Les oursons dorment aussi. Ils se blottissent dans les longs poils rudes de leur mère. Les ours hibernent durant tout l'hiver, jusqu'à l'arrivée du printemps. C'est toute une sieste, tu ne trouves pas!

Le lion de l'Atlas avait l'habitude d'errer partout dans les montagnes d'Afrique du Nord et au-delà. Grâce à sa longue et gracieuse crinière dorée, ce lion ressemblait vraiment au roi des animaux. Mais trop de gens sont venus habiter sur leurs terres et les chasseurs ont tué beaucoup trop de ces lions. De nos jours, il est triste de constater qu'il n'en reste plus aucun. Le lion de l'Atlas est **disparu à jamais** de la Terre.

Le lion de l'Atlas est disparu, mais les autres animaux de ce livre sont encore avec nous. Il est vrai qu'il n'en reste plus beaucoup. Mais nous pouvons les sauver. Si nous travaillons tous ensemble, nous pouvons assurer pour toujours la sécurité, la liberté et la protection de ces espèces menacées.